Ernst Günther Weber

Uwe Herkt

Hans-Hermann Mahnken

Jens-Ulrich Davids

Lyrik am Kamin

Bibliografische Information der Deutschen Nationalbibliothek: Die Deutsche Nationalbibliothek verzeichnet diese Publikation in der Deutschen Nationalbibliografie; detaillierte bibliografische Daten sind im Internet über dnb.dnb.de abrufbar

Impressum: ©2022 Autorengruppe Davids, Herkt, Mahnken, Weber
Herstellung und Verlag: BoD – Books on Demand, Norderstedt

ISBN9783756238965

Hommage an Ulrike Marie Hille

Im Meer der Sprache bin ich ein Sandkorn,
das davon träumt, eine Perle zu sein.

Usama Al Shahmani

Liebe Poetessa,

wir Vier haben vor Deinem Kamin gesessen (mal rauchte er, mal nicht), wir haben bewundert, wie das Feuer aufs Holz sprang und manchmal auch auf uns. Wir haben uns Dein Abendbrot munden lassen, bevor wir unsere Gedichte auf den Tisch legten und uns vorlasen, jeder das seine und Du das Deine.

Wir fühlten uns leicht und luftig, gelegentlich auch schwer und lehmig. Manchmal kamen Reime zum Einsatz, meistens nicht. Wir spielten mit Wortbildern und Denkpirouetten. Wir übten uns in Kritik und wohlwollender Würdigung. Wir fanden Schwächen und betonten Stärken. Wir durchschauten nicht alle Wendungen und bemühten uns doch um den klaren Blick geradeaus aufs Wesentliche. Du hast Erklärungen angeboten, Du hast mitgedichtet und mitdiskutiert, Du warst oft die, die uns anregte, die kühn Neues probierte und trotzig Traditionen aufrief. Lebendig, hilfreich, poetisch: Poetessa halt.

„Lyrik am Kamin", dieses dichterische Symposion, von Dir gegründet und geführt, gab es schon seit vielen Jahren, als wir Vier irgendwann hinzukamen. Wir hoffen, dass es noch länger weiter bestehen wird. Heute, zu Deinem runden Geburtstag, gratulieren wir und wünschen Dir alles Gute, weiterhin Inspiration und stabile Gesundheit.

Unsere in diesem Büchlein versammelten Gedichte legen wir Dir dankbar zu Füßen.

Ernst Günther, Uwe, Hans-Hermann und Jens-Ulrich

Ernst Günther Weber

Heimat

Kein Berg versperrt
den Blick auf den Horizont.
Deiche und Wurten
sind Erhebungen hier,
Ziggurat und Milwiya dort.

Erlen und Birken windgebeugt,
nach Osten geneigt,
oder Palmen
mit staubgrünen Blättern
hinter einer Lehmmauer.

Wo die Weite den Blick übertrifft
bin ich zu Haus.

Blaubeer-Ghasel

Ich Dummer sag zu meiner Frau
unaufgefordert und aus freien Stücken,
lass uns mal rausfahren und
im Walde Blaubeeren pflücken,
um uns an ihnen zu erquicken.
Sie ist geschickt und ihr scheint
eine gute Ernte gleich zu glücken.
Ich aber komme an die Stellen
mit den allergrößten Lücken
und vom ungewohnten Bücken
schmerzt mir schon bald
der so schon schwer lädierte Rücken.
Dazu werd ich auch noch Opfer
blutgieriger Zecken und Mücken,
und vom vielen Jucken
rote Flecken meine Haut bald schmücken.
Nächstes mal pfeif ich auf guten Geschmack
und geh lieber die dicken
und wässrigen Zuchtblaubeeren pflücken.

Heimat II

Mit „*Heimat shoppen*" wirbt der Einzelhandel.

Orangen, Bananen und auch sonst noch
allerhand kauf ich nach dem Klimawandel
aus dem Alten Land,

falls das dann nicht überflutet,
und ein Ausflugsdampfer tutet,
wo jetzt noch Apfelbäume blühen
und man hört das Muhn von Kühen.

Umgeschult der Apfelbauer
und ums Navigieren schlauer,
ist dann Kapitän,

erzählt von guten, alten Zeiten,
als er in diesen heimatlichen Breiten
die Reetdachhäuser noch gesehn.

Der Flaneur

auch ich
höre die Stimmen,
ich höre den Marktschreier,
den Geschichtenerzähler,
die Nei des Schlangenbeschwörers,
die Trommeln der Gnaua
und den Ruf des Muezzin.
Ich schlendre durch die Gassen
der Medina und der Mellah,
trinke meinen Minztee
auf der Terrasse
des Café de France.
Doch der Flaneur
ist ein anderer.
Ich
zähle die Dirhems.

Alter Knacker

Wozu noch Eitelkeit?
der Spiegel ist beschlagen,
und wenn ich mich nicht sehe,
warum soll ich mich beklagen?

Lass doch den Spiegel blind.
Die Tränensäcke sagen
auch ohne klaren Spiegel,
in meinen alten Tagen:

Es geht mir doch gut,
wenn's nur die Tränensäcke sind,
die Grund mir geben zu klagen.

Licht im Dunkel

Ich, Lampyris,
bin das Licht im Dunkeln
und der Welt Mitte,
mache Licht aus Luft,
werde das Licht,
das euch aufgeht
und Erleuchtung,
im Liede besungen,
Wunder der Schöpfung,
Licht Gottes auf Erden,
schattenlos,
ich, Lampyris noctiluca,
das Glühwürmchen.

Frieden

Froschquaken
aus Tümpeln
in Bombentrichtern,

Grillenzirpen
und Lerchengesang
über verblichenem Gebein.

Die Krone der Schöpfung
störte nur kurz.

Nostalgie

Wie schön im Moos die Zärtlichkeit,
wenn es denn noch ginge,
und er nicht nur hinge
fern alter Herrlichkeit.

Man wird ja ganz nostalgisch,
erinnert sich der Jugendkraft,
war- leider - viel zu tugendhaft,
gar manche Chance verstrich.

Nun ist es viel zu spät.
Es bleibt nur noch die Reue,
leicht fällt jetzt die Treue.

Man übt sich in Diät,
verzichtet auf Tabletten,
die können auch nichts retten.

Weggabelung

Die Sonne umschmeichelt das Mädchen,
der Wind lässt ihren Rocksaum,
die weiten Ärmel
und das lange Haar tanzen.

Sie hüpft beschwingt
zur Blütenwiese
den Hang hinauf.
Ich blicke ihr nach.

Meinen Wagen
ziehen die Rappen,
halb weiß ichs
und halb will ichs nicht wissen

den schattigen Hohlweg
hinunter
zum Ufer des Styx.

Alter Stoiker

Wir stehn nicht mehr in der Jugend Safte,
uns fehlt die Anmut
und das Nymphenhafte
und jüngrer Jahre heißes Blut.

Wir bewegen unsre Glieder
zwar noch hin und wieder,
doch zum Tanze reicht es nicht
wegen Rheumas und der Gicht.

Es ist doch keine Frage;
macht's auf unsre alten Tage
noch Sinn, es zu verschweigen?

Bald tanzt des Nachts auf unserm Grabe
mit Anmut heischendem Gehabe
klappernder Gerippe Reigen.

Uwe Herkt

wie lange hält die seele

sie ist unsterblich sagen die
einen

sie ist das stärkste gift sagt
novalis

was ist die seele

ich sehe sie auf der brücke
und der hund führt sie spazieren

wie lange hält sie sich

flaneur

ich berühre nicht

ich treffe den hund ein
mischling

er weiß wer ich bin

der alte mit der geige wir nicken
uns zu

die bäume haben namen
ich sage baum dass mögen sie

ich sage frau die mich nicht
hören

ich pflanze nicht

zirkus

hörst du die musik
plötzlich stille
die raubtiere

ich träume die löwen
ich miste den käfig aus
alles traurig

wir ziehen weiter
vorn das orchester mit
rostigen klängen

ein scheppernder marsch
führt den lahmen august
am halsband

von grab zu grab

manche sterben früh noch an
den brüsten saugend

kemal mit kaputter lunge

oder die zwillinge im dreizehnten jahr

vielleicht gibt es friedhöfe mit glücklichen
menschen

hier der methusalem mit unzähligen
sonnenaufgängen

wie sieht er die welt

im schatten unter der schönen buche

nachts die

flache klinge des mörders

archaische welt um schuld
und sühne

tropische nacht motten
segeln mit zausigen köpfen
der sanfte besudelte schoß

der alte wächter leuchtet mit der lampe

pan in tropischer nacht

er zieht das steife bein durch die flache
welt zu den rändern

neues

fort
schritte

ich streife durchs moor

sterne fallen

aufsteigt der reiher als blinder
passagier

pausen

es gibt zehn minuten

eine landschaft alles ist stimmig
der pfad die bäume das
gebrochene licht

manchmal ist es ein meer

ich gehe zum brunnen
auf den nassen stufen pitschen
kleine nackte füße

manchmal ist es die trauer und die verstörende
gewalt auf einer lichtung

es sind zehn
minuten

niemandsland

hier berührt sich das universum
möwen krähen
wildes land

nichts hören nichts sehen
wer hier stirbt will
sterben

ich komme um zu plündern

bleibe ein zwei tage
eine frische leiche hat immer etwas
feierliches

viel gibt es nicht

billige uhren ringe bringen
etwas mehr

weiße wolken

ich sehe ihren ort
ich sehe hier ist der ort

hier ist der ort
hier ist die finsternis

es gibt ein paar weiße wolken
es gibt einen weiten himmel

es gibt einen weg
es gibt einen langen weg

hier ist der ort
dunkel und kalt

hier ist der ort
hier ist es zu ende

im juni

gibt es keine verse

es gibt im juni keinen dichter

es gibt keine freude im juni
es gibt im juni einen einsamen suizid

und es gibt im juni erdbeeren auf den märkten
und stinknormale menschen

die toten gibt es im juni auf der suche
nach versöhnung

im juni gibt es schlachthöfe die brüllen
vor verzweiflung

es gibt keine hoffnung im juni

es gibt im juni keinen mond

es muss im juni auch niemand sterben

es gibt im juni eine meile verbrannter erde und
einen leichenzug gibt es im juni

Hans-Hermann Mahnken

Geranien blühen auf der Fensterbank,
auf den Kommoden liegen Spitzendecken,
und Puppen starren leer aus allen Ecken
auf alte Kinderfotos auf dem Schrank.

Und immer fühlt sich Vati wie ein Gast
im eignen, abbezahlten Haus mit Garten,
in dem auf kurzem Rasen Zwerge warten.
Worauf, ist ihm schon lang egal. Die Last

der unerfüllten Jahre wiegt zu schwer.
Er geht zum Liegestuhl und legt sich hin,
erträumt sich dann die dicke Nachbarin,

dass sie ihn riefe - nackt! - und wild begehr'...
Der Himmel über ihm ist weit, so weit,
unendlich wie die alte Einsamkeit.

In der Fremde

Du läufst allein durch diesen dunklen Korridor,
doch hinter all den Türen sind die Zimmer leer.
Du bist ein Gast und warst hier doch einmal zu Haus,
jetzt gibt es niemand mehr, den du mit Namen nennst.

Und du erkennst mich vage nur durch dein Gefühl,
das wie ein fernes Echo leis in dir verklingt.

Ich falte für uns einen Flieger aus Papier
und denke an die Zeit, die längst versunken ist.

Was bleibt

In mir blüht immer und immer der Löwenzahn
am staubigen Bahndamm
neben dem vorbeiratternden Zug

singen die Gleise leise von der Ferne
bis ihr Summen versiegt

und Stille wiederkehrt

Besuch auf dem Land

Eingebrannt: Kaffee und Kuchen in der Guten Stube
Zigarrenqualm und Korn und die alten Geschichten
von Onkel Karls Konfirmation oder dem Küster mit der
Schnapsnase und dem Hinkebein *ok al dood*
der die Knöpfe aus dem Klingelbeutel herausgesucht
und den knauserigen Bauern mit strengem Blick
an der Kirchentür zurückgegeben hatte
Auf der Heimfahrt im Auto kreisten die Wörter im Kopf
wie Zigarrenqualm in der warmen Stube *Knopen Klingbüdel*
Knopen-in-de-Klingbüdel

Landschaftsbild mit Hund

Am Himmel ziehen
Wolken - sie spiegeln sich im
unbewegten See

Lautlos durchquert ein
Flugzeug das Wasser und taucht
in eine Wolke

Ein Hund planscht in den
Himmel und vertreibt alles
mit seinem Gebell

offline

wenn die abendglocken läuten
schau ich manchmal in die wolken
& begehre nichts zu deuten
gebe mich dem spiel der formen
einfach ohne wollen hin

Dem Meer entgegen

Komm
wir lassen uns den Fluss hinuntertreiben
(in Gedichten ist das möglich)
vorbei an saftigen Wiesen
Kühe heben zum Gruß den Kopf

Irgendwann Möwengeschrei und
eine leichte Brise
der Fluss weitet sich
vor uns liegt eine silbrig glänzende Fläche

Nur Geduld
das Meer kehrt zurück
seit jeher
mit sanft drängender Kraft
denn es erwartet beharrlich seine Liebste
die Windsbraut
um sich wollüstig mit ihrem Atem zu vereinen
im nächsten Frühjahr vielleicht

Flaschensammeln

nach: Wahrnehmung von Bertolt Brecht

Als ich damit anfing
War mein Haar längst schon grau
Da wurd' mir bang.

Die Mühen der Ebenen liegen hinter mir
Vor mir liegen die Mühen des Niedergangs.

Momentum

Ohne Worte ohne Schweigen

Stille zwischen Atemzügen
und ein aufsteigender Gedanke

Rosa Rugosa

Gemächlich rollt die Nordsee auf das Land,
sie ruht sich von den großen Fluten aus,
von all den Wogen und dem Sturmgebraus.
Wir rekeln uns im warmen Dünensand

und geben uns dem Meeresrauschen hin.
Vor Wind schützt der berühmte Rosenstrauch,
vor unerwünschten Blicken schützt er auch.
Die Möwen gleiten schwerelos dahin,

der Horizont ist ein Gedankenstrich -
ich liege still und frage mich:
Wo fang ich an, wo ende ich?

Wo ende ich? - Wo fang ich an?

Ich taste still nach deiner Hand:
Wir sind das Rauschen, Meer und Sand.

Jens-Ulrich Davids

Der kleinere Gott

Man hat mich schon immer unterschätzt
wenn ich die Lippen spitze
geht hinten das Licht aus
ihr denkt das
sei nur dunkle Materie

Wer liest schon denkt ihr seine Botschaften
das Leben als Interlinearversion
Wörter mit Salzrand
zwischen den Zeilen
unbekömmlich aufsteigende Trauer

Wendet euch an meinen Bruder
er ist der Gott des Anfangs

Ihr müsst aus euren Spuren steigen
wird er euch raten
die alten Sprüche von der Felswand meißeln
den Fluss der Dinge umleiten

Lächerlich, sage ich

Verabschieden und umdenken
könnte er vorschlagen
hoch die Strickleiter zum Wolkenschiff
den verbrauchten Rudergast
umlegen und ablegen
hinauf zum Andromedanebel
zwei Millionen Lichtjahre entfernt,
Kleinigkeit

Seht wie ich die Lippen spitze

und aus den Wiesen steigen
die große Müllabfuhr und ich

Der Chor der Engel singt um sechs
wenn das richtige Wort ins Schloss fällt
haben die Schaufensterpuppen Pause

aussteigen
Stop this world I wanna get off

Die Absteige am Rand der Milchstraße

Der Lauf der Zeit

Am sechsten Tag stand er vor
dem Scherbenhaufen
und runzelte die Stirn.
Er scheuerte die Töpferscheibe
fegte was nicht gelungen war
unter den Tisch
vertrieb was nicht genehm war
wusch seine Hände in Unschuld
und hängte die Schürze an den
Nagel.
Am siebten Tag zog er die Tür
hinter sich zu.

Der wilde Mann

Ich seh ihn oben
wo das Wasser über die Klippe schießt
in groben Schuhen
und schwingendem Mantel
tanzt er zum eigenen Geigenspiel
The fiddler on the green

Andere sehen ihn reiten
auf einem Yak durch die Wüste Taklamakan
noch andere hören ihn nachts
brausen über die Feuer am Ganges
für Dritte bricht er unter vollem Mond
durch die Eichendickichte des Nordens

Für mich aber tanzt er
im Sommer im Winter
da wo das Wasser über die Klippe schießt
lachend im Schaum der Zeit
mein vertrauter Unbekannter

Das Licht zerfällt an den weglosen Rändern

Unzuverlässige Erzählung

Wir haben die verbotene Insel betreten
es duftete nach Minze und Knoblauch
wir haben die Flamme ins Lebendige gelenkt
das Fleisch geröstet
und die Rinder des Sonnengottes gegessen
satt und trunken
haben wir bei Sonnenaufgang die Taue gekappt
und sind davon

Jetzt segeln wir von Insel zu Insel
in der Zeit die uns bleibt
widrige Winde verwehren uns die Heimfahrt
wir finden kein Wasser
und keinen Schatten
und keinen Trost

Den Einäugigen konnten wir überlisten
aber nicht alle von uns
entkamen den Schönen mit den gefiederten Füßen
nicht alle von uns
entgingen der Verwandlung durch die Zauberin
keiner von uns
blieb ohne Strafe

Glück

Herr Makato Hagiwara erfand das Glück
1907 in Kalifornien
chinesische Bäckergesellen
auf der anderen Seite des Pazifik
versteckten es in Mehl und Zucker
so reiste es um die Welt

Zerbrechlich wie Glas
so nötig jetzt im Jahr der Ziege
eingebacken und eingeschweißt
unsere Finger bröseln es ans Licht
wir sehen was spruchreif war

Im *Asia* in Plastiktüten erworben
oder serviert nach der Pekingente
jetzt haben wir es
und sind glücklich

Ich gehe durch die Abende

Engel fallen wie von weit
als mähten in den Himmeln scharfe Sensen

Pfützen aus Öl und Essig
vor Hauseingängen
Wölfe husten Kreide

Der Dämon in der Tempelwand
bleckt die Zähne
In kleinen Wolken steigt Duft
aus seinem Mund
Meide die Vogelgötter mit den
grünen Sandalen, ruft er

Wo die Brücke beginnt
steht der Mann aus Stein
Geh oder geh nicht
die Windrose zeigt in alle Richtungen
nicht alle Himmel sind himmlisch

Ich gehe durch die Abende
zu Freunden

Sand

Sahara-Sand
braun-gelb
der sich in alles einmischt
Suppen, Schränke, Lungenflügel

Der globale Süden schlägt zurück
Wir formen am Strand ein Gesicht
mit großen Augen und vollen Lippen

Wir tanzen am Strand
das Gesicht tanzt am Strand
wir bauen ihm eine Sandburg
braun-gelb, dann weiß, dann grau
ein feste Burg auf Sand gebaut
die Sahara wirft Sand ins Getriebe

Ein Wind kommt auf
weht
weht
verweht
eine Sanduhr
ein Sandwecker
Sandkörner in meinem Haar

Römische Symphonie

Auftakt mit irischer Harfe auf der Heckflosse
Lautsprecher vor Abflug
ein Mann schreit in sein Smartphone
das Dröhnen der Motoren
später das Rollen des Handkoffers
auf dem Kopfsteinpflaster

Oben auf dem Gianicolo spielen sie Jazz
unten auf dem Forum
reitet Kaiser Titus durch seinen Triumphbogen
im Takt schlagen die Hufe Funken

In der heißen Stadt
den alten Steinen zuhören
den Säulen den Mauern
Pflastern und Mosaiken
Brunnen und Skulpturen
wie sie
durch die Jahrtausende murmeln

trinkt o Augen
aus dem hellhellen Tag
laufen Töne in meinen Mund
sie sind blau
in den hohen Pinien
sägen Zikaden

Aus dem Innern der Kirchen Sphärenklänge
aber draußen
schweigen die Engel
I heard the news today oh boy
Kriege und Flüchtende
Tote und Tatenlose im Mittelmeer
Verratene und Verreckende
die fremde Sprache dämpft den
Klang der Welt
nur wenig

Ich sitze in der Sonne und höre in mir
wie die Zeit vergeht

Wessen Wille

1
Der Mond schüttet sein Silber
mit der linken Hand
Licht und Schatten
und Sturmflut

Setzt die Segel
wir gleiten auf der Glanzbahn
von hier zum Horizont

Kurz vor dem Abgrund treiben wir
ohne Wind und ohne Willen

2
Manchmal finde ich fremde Manuskripte
die alle mit Ich anfangen
auch sie haben den Willen zur Schönheit

So beunruhigend ist die Wahl
Falke sein, ein Sturm
oder ein großer Gesang

Das Leben will erledigt werden
wie andere Aufgaben auch

Kapriolen von Ziegen
auf der Lichtung

Tschingderassa

Trommeln, Becken und Trompeten
still jetzt im Winterquartier
Kälte und Schrecken draußen
in den Zelten Schonüberzüge

Die Clowns haben sich abgeschminkt
kein Lachen, kein Weinen
aus ihren Wohnwagen
hinter den blassen Birken kurz vor Worpswede

Früher, sagen die Artisten,
setzten wir einen Fuß auf die Luft -
und sie trug uns

tschingderassa
wie ein fernes Echo

Mein Herz ist ein dunkler See
ruft der Direktor
und ich kann nicht schwimmen

tschingderassabum